BEI GRIN MACHT SICH IHR WISSEN BEZAHLT

Laura Ostermaier

Praktische Beispiele zum Prinzip der Zielorientierung (Teil 1)

GRIN Verlag

Bibliografische Information der Deutschen Nationalbibliothek:

Die Deutsche Bibliothek verzeichnet diese Publikation in der Deutschen National-
bibliografie; detaillierte bibliografische Daten sind im Internet über http://dnb.d-
nb.de/ abrufbar.

Dieses Werk sowie alle darin enthaltenen einzelnen Beiträge und Abbildungen
sind urheberrechtlich geschützt. Jede Verwertung, die nicht ausdrücklich vom
Urheberrechtsschutz zugelassen ist, bedarf der vorherigen Zustimmung des Verla-
ges. Das gilt insbesondere für Vervielfältigungen, Bearbeitungen, Übersetzungen,
Mikroverfilmungen, Auswertungen durch Datenbanken und für die Einspeicherung
und Verarbeitung in elektronische Systeme. Alle Rechte, auch die des auszugsweisen
Nachdrucks, der fotomechanischen Wiedergabe (einschließlich Mikrokopie) sowie
der Auswertung durch Datenbanken oder ähnliche Einrichtungen, vorbehalten.

Impressum:

Copyright © 2010 GRIN Verlag GmbH
Druck und Bindung: Books on Demand GmbH, Norderstedt Germany
ISBN: 978-3-656-19081-3

Dieses Buch bei GRIN:

http://www.grin.com/de/e-book/193251/praktische-beispiele-zum-prinzip-der-ziel-
orientierung-teil-1

Universität Passau

Philosophische Fakultät

Lehrstuhl für Grundschulpädagogik und -didaktik

Seminar:

Unterrichtsprinzipien und ihre Realisierung im Heimat- und Sachkundeunterricht
der Grundschule

WS 2009/2010

Praktische Beispiele zum Prinzip der Zielorientierung
(Teil 1)

Verfasserin: Laura Ostermaier

Inhaltsverzeichnis

1. Allgemeines zum Prinzip der Zielorientierung

„Wer nicht genau weiß, wohin er will, braucht sich nicht zu wundern, wenn er ganz woanders ankommt!"[1] Dieser Ausspruch Robert Magers spielt darauf an, dass der Mensch in seinem Leben Zielsetzungen braucht, um sich in der ihn umgebenden Welt zurechtfinden zu können und auch, um seine Persönlichkeit entfalten zu können.[2] Wenn der Mensch also generell im Leben nach Zielorientierung verlangt, so trifft dies auch auf den Bereich Schule zu. Das Prinzip der Zielorientierung zählt zu den wichtigsten Prinzipen des Unterrichts.[3] Denn ein Unterricht ohne Ziele ist planlos, Ziele gelten als unverzichtbarer Entscheidungsfaktor bei der Unterrichtsgestaltung.[4] Zielorientierung ist ein wichtiges Kriterium bei der Erstellung von Lehrplänen, welche Handlungsanweisungen und Planungshilfen für den Lehrer sind und dessen Handeln überprüfbar machen.

Zur Zielorientierung gehört unter anderem die Zielanalyse: „Der Lehrer trifft hier eine Auswahl geeigneter Unterrichtsziele mit zugeordneten Teilaspekten des Unterrichtsinhalts. (…) [Er macht sich seine Bildungsabsichten bewusst und er] orientiert sich dabei an den allgemeinen Schul- und Bildungszielen (Leit- oder Richtzielen), den dazu passenden Grobzielen seines Faches und den Teilzielen der Unterrichtseinheit, zu der die Einzelstunde gehört. Für die Einzelstunde entscheidet er dann [selbstständig] Stundenziele (Feinziele)."[5]

„Die Orientierung an den Zielen der Schule, des jeweiligen Unterrichtsfaches, einer Unterrichtseinheit und schließlich einer Unterrichtsstunde ist eine wesentliche Entscheidungshilfe für den Lehrer. Sie entlastet ihn didaktisch bei der Planung und auch bei der Gestaltung des Unterrichts, macht seine Arbeit transparent und überprüfbar und sichert beim Schüler einen kontinuierlich aufbauenden und systematischen Zuwachs an Wissen, Können und Einstellungen."[6] Die Ziele sind vom Schüler aus gedacht und geben an, was ein Schüler am Ende einer Unterrichtseinheit von bestimmten Lerninhalten wissen sollte beziehungsweise welche Fähigkeiten er auf welchem Lernniveau erworben haben sollte.[7]

---

[1] Wiater, Werner: Unterrichtsprinzipien (Prüfungswissen-Basiswissen-Schulpädagogik). Donauwörth (2008)³, S.70.
[2] Vgl. Wiater (2008), S.72.
[3] Vgl. Glötzl, Herbert: Prinzipien effektiven Unterrichts. Handbuch für die Erziehung- und Unterrichtspraxis (Schulpädagogik). Stuttgart 2000, S.127.
[4] Vgl. Wiater (2008), S.70.
[5] Wiater (2008), S.71.
[6] Wiater (2008); S.75.
[7] Vgl. Glötzl (2000), S.129f.

2. Zielorientierung am Beispiel der Unterrichtssequenz „Tiere der Wiese"

Im Folgenden wird nun das Unterrichtsprinzip der Zielorientierung an praktischen Beispielen verdeutlicht.[8]

Beginnend mit der ersten Jahrgangsstufe wurde das Thema 1.5 ‚Leben mit der Natur', genauer 1.5.2 ‚Tiere der Wiese', aus dem Lehrplan ausgewählt, welches zum Lernfeld 7 ‚Tiere und Pflanzen' gehört. Hierzu wurde eine Unterrichtssequenz entwickelt. Der Lehrplan beschreibt den Themenbereich 1.5 ‚Leben mit der Natur' folgendermaßen: „Die Schüler entdecken und bestaunen die Wiese und können dabei den Wert der Natur für uns Menschen erspüren. Indem sie entsprechende Verhaltenregeln einüben, lernen die Schüler einen achtsamen Umgang mit Tieren und Pflanzen. Die Schüler beobachten jahreszeitliche Veränderungen auf der Wiese und sammeln erste Kenntnisse über das Zusammenspiel von Tier- und Pflanzenwelt. Dabei betrachten sie exemplarisch die Entwicklung eines Tieres und die Ausbreitung einer Pflanze genauer."[9]

Der Lehrer muss nun die Ziele für seine Unterrichtssequenz festlegen. Als übergeordnetes Ziel, auch Erziehungsziel genannt, gilt hier allgemein das Klären und Einüben von Verhaltensregeln, also der Umgang mit den Tieren der Wiese. Leitziel ist also das Verantwortungsbewusstsein gegenüber allem Lebendigen. Das Bewusstsein für den Umgang hiermit entwickeln die Schüler allerdings erst durch das Kennenlernen der Tiere und der Lebensvielfalt.

Als Grobziel der Unterrichtssequenz gilt, dass die Schüler Grundkenntnisse über einheimische Tiere auf der Wiese erlangen.

Aufgrund der vom Lehrplan verbindlich vorgeschriebenen Ziele, nämlich einige Tiere nach ihrem Aussehen unterscheiden und benennen zu können, deren bevorzugten Lebensbereich feststellen zu können und die einzelnen Phasen der Entwicklung zum Schmetterling zu beobachten, entstand folgende Gliederung in drei Unterrichtseinheiten für die Unterrichtssequenz ‚Tiere der Wiese':

- Wir entdecken unsere Wiese
- Leben auf der Wiese
- Von der Raupe zum Schmetterling.

Für die erste Unterrichtseinheit ‚Wir entdecken unsere Wiese' sollten zwei Unterrichtsstunden eingeplant werden. Im Vorfeld klärt der Lehrer mit den Kindern ab, wie sie mit den Tieren auf

---

[8] Anmerkung: Diese Hausarbeit ist als erster Teil zum Thema ‚Praktische Beispiele zum Prinzip der Zielorientierung' anzusehen. Der zweite Teil befasst sich weiter mit den Jahrgangsstufen zwei und drei.
[9] Lehrplan 2000, S.106.

der Wiese generell umgehen sollten. Dann könnte man mit den Schülern einen Unterrichtsgang zu einer nahe gelegenen Wiese oder in den Schulgarten machen, denn die originale Begegnung ist für Kinder wichtig und motivierend. „Die Orientierung des Unterrichts am übergeordneten Grobziel sollte sich auch bei der Planung der einzelnen Stunden einer Sequenz auf Feinzielniveau erkennen lassen."[10] Erstes Feinziel der Einheit wäre nun, dass die Schüler verschiedenste Wiesenbewohner entdecken und beobachten. Es ist hier möglich, die Schüler zunächst alleine mit einer Becherlupe und einem Bestimmungsbuch auf Entdeckungstour zu schicken oder auch sie dazu einzuladen, ihre Entdeckungen mit Stift und Papier festzuhalten. Eine Alternative hierzu ist aber natürlich auch ein gemeinsamer Rundgang mit dem Lehrer.

Das zweite Feinziel der Unterrichtseinheit ist, dass die Kinder einen Einblick in die Lebensvielfalt und die verschiedenen auf der Wiese gebotenen Lebensräume erhalten. Auf ihrer Erkundungstour entdecken die Schüler viele Tiere der Wiese, wie zum Beispiel Regenwürmer, Ameisen, Heuschrecken, Käfer, Raupen, Bienen, Schmetterlinge, vielleicht sogar eine Maus oder einen Maulwurf. Mithilfe eines Bestimmungsbuches und in Begleitung des Lehrers erhalten die Kinder hier umfassende Einblicke.

Schön wäre es, wenn die Unterrichtseinheit mit einer Ausstellung im Klassenzimmer mit den gesammelten Ergebnissen der Kinder ausklingen würde.

Zuletzt entwickeln sie auch ein Bewusstsein für den achtsamen Umgang mit Tieren und Pflanzen auf der Wiese, wobei dieses Ziel als allgemeines Erziehungsziel nicht in einer Unterrichtseinheit erreicht werden kann, sondern über die gesamte Schullaufbahn als ständiges Ziel angestrebt werden sollte.

Die zweite Unterrichtseinheit nun ‚Leben auf der Wiese' umfasst wiederum drei Feinziele: Die Schüler erlangen zunächst Kenntnis über die verschiedenen Tiere der Wiese und als zweites Feinziel entwickeln sie auch die Fähigkeit, Tiere durch optische Merkmale voneinander zu unterscheiden und zu benennen. Dies kann erreicht werden durch den Einsatz von Bildkarten zu den einzelnen Wiesentieren.

Auch lernen die Schüler nun die Lebensbereiche der Wiese kennen und können deren Bewohner zuordnen. Das heißt, dass sie lernen, welche Tiere in der Erde leben, auf dem Boden, auf der Pflanze oder auch im Luftraum der Wiese. Wichtig ist es hier jedoch, exemplarisch einige Tiere auszuwählen, so dass die Schüler nicht mit Informationen überschüttet werden. Dies richtet sich allerdings nach den jeweiligen Voraussetzungen der Schüler und inwieweit sie bereits Vorwissen und eigene Erfahrungen mit einbringen können.

---

[10] Glötzl (2000), S.153.

Für die zweite Unterrichtseinheit sollte die Lehrperson ein bis zwei Unterrichtsstunden einplanen, je nach den Vorraussetzungen der Schüler.

Als Abschluss der Unterrichtssequenz gilt die Einheit ‚Von der Raupe zum Schmetterling'. Die Schüler gewinnen hier einen Einblick in die verschiedenen Phasen der Schmetterlingsentwicklung, nämlich vom Ei, über die Raupe, zur Puppe und schließlich zum Schmetterling. Dies ist möglich über Bildkarten. Generell wäre es aber natürlich wünschenswert eine originale Begegnung herbeizuführen. Man könnte eine Raupe in einem Plastikterrarium im Klassenzimmer einrichten, so dass den Schülern eine unmittelbare Begegnung möglich ist und sie die einzelnen Phasen der Entwicklung von der Raupe zum Schmetterling direkt nachvollziehen können. Das Problem hierbei ist jedoch, dass es sich dann um eine Langzeitbeobachtung handelt, welche nicht in den geplanten zwei Unterrichtsstunden abzuschließen ist.

Das zweite Feinziel zur Einheit ist, dass die Kinder eine Einsicht erhalten in die Nahrungsunterschiede bei Raupe und Schmetterling. Hier könnte man ein Nahrungsquiz einbauen, indem man den Schülern Bilder zeigt von Raupen auf Blättern und Schmetterlingen auf Blüten und sie dann darauf anspricht, dass ihnen sicher etwas aufgefallen ist beim Betrachten der Bilder. Auch schön wäre es, wenn man im Schulgarten ein Futterpflanzenbeet anlegen könnte, um wieder die originale Begegnung und eine motivierende Atmosphäre zu schaffen.

Als Abschluss der Einheit wäre ein Film zum Thema passend.

3. Zielorientierung am Beispiel der Unterrichtssequenz „Uhr und Uhrzeit"

Das zweite Beispiel zum Prinzip der Zielorientierung ist nun aus dem Lehrplan für die zweite Jahrgangsstufe gewählt. Es wurde eine Unterrichtssequenz zum Thema 2.6 ‚Orientierung in Zeit und Raum', genauer zu 2.6.1 ‚Uhr und Uhrzeit', aus dem Lernfeld 3 ‚Zeit und Geschichte' ausgewählt.

Der Lehrplan beschreibt den Themenbereich 2.6 ‚Orientierung in Zeit und Raum' wiederum folgendermaßen: „Um den Alltag genauer strukturieren und einteilen zu können, erproben die Schüler verschiedene Möglichkeiten der Zeitmessung. Sie lernen die Uhrzeit abzulesen."[11]

Wiederum muss der Lehrer nun die Ziele zur Unterrichtssequenz festlegen.

Als Grobziel der Sequenz gilt, dass die Schüler Vertrautheit im Umgang mit Uhren und Zeit erlangen.

---

[11] Lehrplan 2000, S. 113.

Aufgrund der vom Lehrplan vorgeschrieben Ziele, also dass die Schüler verschiedene Uhren betrachten und erproben, Stunden unterteilen in Viertelstunden und Minuten und analoge, sowie digitale Uhren ablesen und einander zuordnen können, wurde die Sequenz in drei Unterrichtseinheiten eingeteilt:

- Es gibt verschiedene Uhren
- So vergeht eine Stunde
- Wir wissen, wie spät es ist.

Für die erste Unterrichtseinheit ‚Es gibt verschiedene Uhren' sollten ein bis zwei Unterrichtsstunden eingeplant werden. Hier geht es darum, dass die Schüler Uhren mitbringen und selbst ausprobieren dürfen. Der Aspekt der Demonstration steht hier im Vordergrund.

Das erste Feinziel ist hier, dass die Schüler vertraut werden mit verschieden Uhren und diese voneinander unterscheiden können. Sie dürfen also Uhren von zuhause mitbringen und weitere Uhren aus ihrem Alltag nennen, wie beispielsweise die Armbanduhr, die Wanduhr, die Kirchenuhr oder auch den Wecker. Möglicherweise werden auch Uhren wie die Kerzenuhr, Sonnenuhr und Sanduhr genannt, sowie die analoge und digitale Uhr.

Als zweites Feinziel erhalten die Schüler nun einen Einblick in die Funktionsweise der verschiedenen Uhren.

Die zweite Unterrichtseinheit ‚So vergeht eine Stunde' könnte folgendermaßen eingeführt werden: Der Lehrer legt einen Beutel mit einer tickenden Uhr in die Mitte des Sitzkreises. Die Schüler dürfen zunächst Vermutungen anstellen, was wohl in dem Beutel ist. Dadurch, dass sie es nicht sehen können, ist ihre Aufmerksamkeit geweckt und sie sind motiviert. Wenn geklärt ist, dass der Beutel eine Uhr enthält, sollen die Schüler eine Minute lang still sein und mit geschlossenen Augen und dem Kopf auf den verschränkten Armen liegend versuchen, abzumessen wie lange eine Minute ist. Wer meint, dass sie um ist, darf den Kopf heben. Die Schüler werden überrascht sein, wie lange eine Minute wirklich ist. Von hier aus kommt man dann zur Stundeneinteilung, denn eine Viertelstunde sind fünfzehn Mal eine Minute.

Ziel ist es, dass die Schüler Kenntnis erlangen über die Einteilung der Zeit in Stunden, Halbstunden, Viertelstunden und Minuten, sowie dass sie Einsicht in die Stundeneinteilung erhalten und die Stundeneinteilung selbst auf Uhren übertragen können. Zur Realisierung ist es sinnvoll, wenn jedes Kind eine Pappuhr bastelt, womit auch ein fächerübergreifender Aspekt zum Fach Kunst entstehen würde. Die Schüler können dann immer auf ihrer eigenen Pappuhr Uhrzeiten einstellen. Der Lehrer könnte parallel zu den Schülern mit einer Folienuhr auf dem

Overhead-Projektor arbeiten, damit die Schüler sich rückversichern können, ob sie die Aufgabe richtig gelöst haben.

Parallel zum Unterricht könnte man die Schüler immer wieder darauf hinweisen, wenn wieder eine Viertelstunde oder eine Halbstunde vergangen ist, so dass sie ein besseres Gefühl für die Zeit entwickeln. Eingeplant wäre für diese Einheit eine Unterrichtsstunde, wobei das Einstellen der Uhr auch nachher täglich geübt werden sollte.

Die letzte Unterrichtseinheit 'Wir wissen, wie spät es ist' sollte in zwei Unterrichtsstunden durchgeführt werden. Feinziele wären hier, dass die Schüler die Fähigkeit erlangen, analoge und digitale Uhren abzulesen und Uhrzeiten den verschiedenen Uhrentypen zuzuordnen. Auch sollen sie lernen, Zeitpunkte und Zeitdauer zu ermitteln, sowohl an analogen, als auch an digitalen Uhren. Hier sollte wieder mit der Pappuhr und der Folienuhr gearbeitet werden. Der Lehrer schreibt beispielsweise eine Uhrzeit an und der Schüler muss sie auf seiner Pappuhr einstellen. Auch möglich ist hier der Einsatz einer Digitaluhr, welche die Uhrzeit an die Wand strahlt. So haben die Schüler wieder eine originale Begegnung und können die digitale Uhrzeit auf ihrer analogen Uhr einstellen. Auch der Einsatz von Arbeitsblättern ist hier sinnvoll. Der Schüler kann darauf digitale Uhrzeiten in eine leere analoge Uhr eintragen, aber auch umgekehrt die analoge Uhrzeit in die digitale Schreibweise umwandeln.

Generell kann man auch hier wieder sagen, dass diese Feinziele schwer in einer Unterrichtsstunde zu erreichen sind. Der Schüler hat die besten Lernerfolge, wenn man die Uhr in täglichen Kurzübungen wiederholt und übt.

4. Schlussgedanke: Möglichkeiten und Grenzen des Prinzips

Natürlich ist das Prinzip de Zielorientierung, eines der wichtigsten Unterrichtsprinzipien, dennoch nicht frei von jeglichen Kritikpunkten. Im Folgenden sollen nun noch kurz die Möglichkeiten und Grenzen des Prinzips umrissen werden.

„Die Stärke eines Unterrichts, der sich an das Prinzip der Zielorientierung/Zielverständigung hält, liegt in seiner Zweckrationalität und Kontrollierbarkeit. Beide können die Effizienz der schulischen Lernprozesse steigern."[12] Der so konzipierte Unterricht ist für die Schüler leichter nachvollziehbar und er erkennt eher, was von ihm verlangt wird. Wichtig für das Gelingen von gutem Unterricht ist es, nicht nur ein durchgeplantes Artikulationsschema zu haben, welches ja auch viele Mutmaßungen und Unsicherheiten enthält, sondern sich darüber klar zu werden, an

---

[12] Wiater (2008), S.76.

welchen Stellen im Unterrichtsverlauf der Schüler kommunikativ mit einbezogen werden sollte, um die Unterrichtsziele zu erreichen.[13]

Weiterhin ist es entscheidend, dass sich der Lehrer dessen bewusst ist, dass ein zielorientierter Unterricht zugleich die Berücksichtigung sozialer und affektiver Prozesse beim Lernen beinhaltet, was bedeutet, dass es nicht um ein Lernen im Gleichschritt geht, sondern jeder Schüler auf dem für ihn geeignetesten Lernweg zum Ziel gelangen soll.[14]

Als Einwand gegen die bloße Lernzielorientierung kann gelten, dass durch den Primat der Ziele die Inhaltlichkeit des Lernstoffes reduziert und funktionalisiert wird, wobei die Inhalte selbst an eigenem Wert verlieren; ebenso ist es nicht möglich, das Lernen der Schüler technologisch zu organisieren, denn dem widerspricht die ganzheitliche Erlebnis- und Lernweise der Kinder.[15]

An dieser Stelle möchte ich nochmals auf das Anfangs genannte Zitat Magers zurückkommen: „Wer nicht genau weiß, wohin er will, braucht sich nicht zu wundern, wenn er ganz woanders ankommt!" Grundsätzlich kann man nun zum Prinzip der Zielorientierung sagen, wenn „(…)zwischen Lehrer und Schülern Klarheit über das Ziel des Lernens in der Unterrichtsstunde [besteht], kann der Weg dorthin gemeinsam methodisch geschickt geplant und der Unterrichtserfolg am Schluss auch von den Schülern selbst erfasst werden."[16]

---

[13] Vgl. Wiater (2008), S. 77.
[14] Vgl. Wiater (2008), S.78.
[15] Vgl. Wiater (2008), S.80.
[16] Wiater (2008), S.77.

Literaturverzeichnis:

Glötzl, Herbert: Prinzipien effektiven Unterrichts. Handbuch für die Erziehung- und Unterrichtspraxis (Schulpädagogik). Stuttgart 2000.

Staatsinstitut für Schulqualität und Bildungsforschung München: Grundschullehrplan Jahrgangsstufe 1-2. München 2000. (http://www.isb.bayern.de/isb/download.aspx?DownloadFileID=e3e56d177fef177dcfcd7910ffa68941, zuletzt gesichtet am 18.02.2010)

Wiater, Werner: Unterrichtsprinzipien (Prüfungswissen-Basiswissen-Schulpädagogik). Donauwörth (2008)³.